Afirmaciones para la riqueza

250 afirmaciones positivas sobre vivir en abundancia y atraer dinero

© **Derechos de autor 2019**

Todos los derechos reservados. Este libro no puede ser reproducido de ninguna forma sin el permiso escrito del autor. Críticos pueden mencionar pasajes breves durante las revisiones.

Descargo: Esta publicación no puede ser reproducida ni transmitida de ninguna manera por ningún medio, mecánico o electrónico, incluyendo fotocopiado o grabación, o por cualquier sistema de almacenamiento o recuperación, o compartido por correo electrónico sin el permiso escrito del editor.

Aunque se han realizado todos los intentos por verificar la información proporcionada en esta publicación, ni el autor ni el editor asumen responsabilidades por errores, omisiones o interpretaciones contrarias con respecto al tema tratado aquí.

Este libro es solo para fines de entretenimiento. Las opiniones expresadas son solo del autor y no deben tomarse como instrucciones de expertos. El lector es responsable de sus propias acciones.

La adherencia a todas las leyes y normativas aplicables, incluidas las leyes internacionales, federales, estatales y locales que rigen las licencias profesionales, las prácticas comerciales, la publicidad y todos los demás aspectos de la actividad comercial en EE. UU., Canadá, Reino Unido o cualquier otra jurisdicción es responsabilidad exclusiva del comprador o lector

Ni el autor ni el editor asumen responsabilidad alguna en nombre del comprador o lector de estos materiales. Cualquier parecido con cualquier individuo u organización es pura coincidencia.

Tabla de contenido

INTRODUCCIÓN 1
UN RESUMEN SOBRE EL USO EFECTIVO DE LAS AFIRMACIONES .. 3
CAPÍTULO 1 - 50 AFIRMACIONES DE GRATITUD 5
CAPÍTULO 2 - 50 AFIRMACIONES DE ABUNDANCIA 10
CAPÍTULO 3 - 50 AFIRMACIONES SOBRE LA ATRACCIÓN DEL DINERO 14
CAPÍTULO 4 - 100 AFIRMACIONES DE ÉXITO Y RIQUEZA 18
CONCLUSIÓN 25

Introducción

"Usted es lo que piensa", dijo Earl Nightingale en su famoso libro *El secreto más extraño*. Usted se convierte en lo que piensa la mayoría de las veces. Si una persona alimenta su mente con pensamientos negativos, experimentará la vida a través de una lente oscura. Las cosas pequeñas que no deben afectarle se volverán más grandes de lo que realmente son, ya que la mente está enfocada en lo peor en lugar de lo mejor. Una persona que vive con pensamientos mayormente negativos tiene una mente centrada en los problemas, en lugar de las oportunidades. Ahora, ¿quiere usted saber una triste verdad? La mayoría de la gente vive con esta mente. ¿Y realmente se pueden culpar? La mayoría de los medios de comunicación ciertamente no nos ayudan a lograr un estado mental feliz. Su mantra es "las noticias negativas se venden" y, por lo tanto, se involucran en actividades de miedo. ¿Y quiere saber otra triste realidad? Les funciona muy bien. La razón por la que funciona es porque los humanos estamos diseñados para sobrevivir y no para prosperar. Si bien es bueno para nuestra especie que nuestro cerebro tenga su modo predeterminado centrado en la supervivencia, no garantiza el éxito personal. Si lo hiciera, veríamos a más personas floreciendo tanto a nivel personal como financiero.

Ahora, lo bueno para usted es que ya se adelantó a la mayoría de las personas, ya que ciertamente es consciente del poder de la mente. Probablemente ya sepa que su mente es como una computadora fuerte capaz de cosas increíblemente impresionantes. Su trabajo es como el de un programador. Necesita estar atento a las puertas de su mente y alimentarlo con palabras que le den poder.

Este libro puede ayudarlo si desea vivir en un estado de abundancia. Además, al utilizar las afirmaciones de este libro, es de esperar que usted pueda encontrar oportunidades para crear riqueza que antes no podía ver. Para aprovechar al máximo este libro, se recomienda que haga una pausa y reutilice una afirmación que sienta que encaja especialmente con usted. Además, para que las afirmaciones funcionen de manera efectiva, debe poner su corazón en las ideas que se presentan. Deje al escéptico atrás y confíe en el proceso para que pueda alcanzar sus metas y sueños. Empecemos, ¿está de acuerdo?

Un resumen sobre el uso efectivo de las afirmaciones

Primero, declarar la afirmación en tiempo presente. Su objetivo es sentir que ya tiene las cosas que desea, sin importar las circunstancias externas. Esto le ayudará a atraer lo que quiera en el presente.

Segundo, sus afirmaciones solo deben contener palabras positivas. La razón para evitar palabras negativas como "nunca" o "no" es que su subconsciente no puede procesar las palabras negativas. En su lugar, elimina las palabras negativas, por ejemplo, una afirmación que dice "no soy pobre" se convertirá en "soy pobre", que es lo contrario de lo que usted quiere.

Tercero, las afirmaciones deben ser específicas y tratar con un objetivo a la vez. Puede tener varias afirmaciones sobre diferentes temas, pero el objetivo es mantener la afirmación individual enfocada.

Cuarto, se recomienda practicar una afirmación al menos 20 veces tres veces al día. Continúe con esta práctica hasta que su mente acepte completamente la afirmación como verdadera. Una vez que lo haga, repita la afirmación de manera continua para reforzar el efecto de esa sugerencia. Esfuércese por hacer que el uso diario de las afirmaciones sea una práctica de por vida.

Tenga en cuenta estas ideas importantes y respételas cuando cree una afirmación personal. Esto asegurará que afirme las sugerencias correctas y lo preparará para el éxito.

Capítulo 1 - 50 Afirmaciones de Gratitud

"Cuando eres agradecido, el miedo desaparece y aparece la abundancia..."

- Tony Robbins

La gratitud es la base para vivir en un estado de abundancia y sin ella, no podrá encontrar la verdadera satisfacción ya que su mente nunca aprecia la abundancia que ya posee. Piénselo, usted vive mejor que un rey lo hacía solo hace un par de siglos. Se podría argumentar que incluso hace mejor una vida que un rey hace solo un par de décadas, ya que cuenta con tecnología que es tan útil. Entre muchas otras personas, también creo que la gratitud atraerá más cosas buenas a la vida, incluida la riqueza. Entonces, cuando usted estas afirmaciones, trate de sentir gratitud y exprésalas como si fuera la persona más rica del mundo. Hable con confianza y utilice su cuerpo de una manera que genere emoción. Recuerde que el movimiento crea emoción, por lo que al usar su cuerpo de manera confiada, se beneficiará al máximo de estas afirmaciones.

- Estoy agradecido por vivir en el siglo XXI.
- Estoy muy agradecido por todo el dinero que tengo.

- Siento aprecio por las cosas que el dinero me permite comprar.

- Amo la vida y estoy muy agradecido de ser parte de ella.

- Sé que la vida es un regalo.

- Mientras inhalo, disfruto del aire que energiza mi cuerpo y mi mente.

- Estoy muy agradecido por las oportunidades que la vida me ha brindado.

- Estoy muy agradecido por las oportunidades que la vida sigue brindándome.

- Siento gratitud hacia las personas porque sé que pueden ayudarme a alcanzar mis sueños.

- Estoy muy agradecido por lo que soy, ya que sé que puedo crear cosas magníficas.

- Estoy agradecido por estar en control.

- Me siento agradecido por las personas en mi vida.

- Estoy agradecido por las oportunidades que vendrán.

- Me dieron el regalo de la vida y la oportunidad de hacer lo que quiera de ella, y por eso estoy agradecido.

- Estoy agradecido por todos los recursos que tengo y los que vendrán.

- Estoy agradecido por mi ingenio y mi capacidad para encontrar soluciones.

- Veo lo bueno en los acontecimientos y las personas.

- Sé que las posibilidades de que naciera eran muy bajas y estoy muy agradecido por haber superado las probabilidades.

- La gratitud es mi antídoto contra el miedo y la ira. Ahora estoy en control de mis emociones.

- Estoy muy agradecido por mi capacidad de producir.

- Todos los días, estoy viviendo la vida al máximo como un agradecimiento a Dios por darme el regalo de la vida.

- Estoy muy agradecido por mi próspero futuro.

- Estoy agradecido por mi salud, la riqueza, el amor y la felicidad.

- Me está llegando una gran cantidad de dinero en este momento y por eso estoy agradecido.

- Estoy muy agradecido de que las personas me traten con respeto y se preocupen por mi bienestar.

- Estoy muy agradecido por todas mis necesidades.

- Doy gracias al universo por permitirme vivir mis sueños.

- Soy el maestro de mi vida y por eso estoy agradecido.

- Estoy muy agradecido por poder usar las cosas maravillosas que otros han creado.

- Estoy agradecido por todas las ideas de dinero que me llegan.

- Sé que solo hay que tener razón una vez para llegar a ser próspero financieramente y estoy agradecido de que ahora sea mi turno.

- Estoy agradecido porque sé que las personas exitosas quieren ayudarme, ya sea a través de libros, videos o en persona.

- Estoy agradecido por la abundancia de opciones que me han dado.

- Sé que la libertad es incierta para algunas personas en otras partes del mundo, por eso aprecio haber nacido aquí.

- Estoy agradecido por el dinero.

- Soy libre de vivir la vida en mis propios términos, y por eso estoy agradecido.

- Estoy agradecido por la gran cantidad de oportunidades para crear una abundancia de dinero.

- Sé que mi mente puede crear cosas increíbles y por eso estoy agradecido.

- Estoy muy agradecido de tener múltiples fuentes de ingresos.

- Estoy muy agradecido de que el dinero me llegue por avalanchas de abundancia de fuentes inesperadas de manera continua.

- Me encantan todos los eventos que el dinero me puede permitir experimentar.

- Estoy agradecido por mi increíble capacidad para resolver problemas y aportar un inmenso valor al mercado.

- Estoy agradecido por mi compromiso de vivir en abundancia.

- Sé que puedo sentir la sensación de abundancia cuando quiero, y por eso estoy muy agradecido.

- Doy gracias al universo por toda la prosperidad que experimento.

- El dinero fluye sin esfuerzo hacia mí y por eso estoy agradecido.

- La gratitud es un regalo de la vida y la experimento a diario.

- La abundancia es un estado natural para mí y me encanta.

- Vivo mejor que cientos de reyes antes que yo y por eso estoy agradecido.

- Estoy muy agradecido de que el dinero fluya con facilidad en mi cuenta bancaria.

Capítulo 2 - 50 afirmaciones de abundancia

"Cuando te enfocas en ser una bendición, Dios se asegura de que siempre seas bendecido en abundancia".

- Joel Osteen

Para vivir una vida de verdadera abundancia, primero debemos tomar la decisión consciente de vivir en un estado hermoso sin importar qué. La vida no nos sucede, ella sucede para nosotros y con ese conocimiento en mente, podemos confiar en que el universo nos cuida y nos guía hacia la persona que queremos ser, así como a nuestro lugar deseado. Así que confíe en el proceso y elija relajarse respirando profundamente cada vez que surjan desafíos. Se colocan ahí para que se convierta en lo que Dios ha querido que usted sea.

- La riqueza de Dios está circulando en mi vida.
- Yo declaro que he elegido vivir en un hermoso estado.
- El universo quiere lo mejor para mí.
- Experimento avalanchas de abundancia y todas mis necesidades se satisfacen instantáneamente.
- La abundancia es algo con lo que sintonizamos.

- Elijo vivir en abundancia en cada momento del día por el resto de mi vida.

- Sé que estoy siendo guiado hacia mi verdadero ser.

- Vivo en abundancia financiera.

- Sé que siempre se satisfacen mis necesidades y que se me dan las respuestas.

- Todos los días, en todos los sentidos, me estoy volviendo cada vez más abundante.

- El universo me cuida bien, ya que siempre tengo lo que necesito.

- Mi vida está llena de todas las cosas materiales que necesito.

- Mi vida está llena de alegría y amor.

- El dinero fluye hacia mí en abundancia.

- Tengo todo en abundancia.

- La prosperidad se desborda en mi vida.

- Mis pensamientos son siempre sobre la prosperidad y la abundancia.

- Mis acciones conducen a la prosperidad y la abundancia.

- Yo declaro que estoy enfocado en la prosperidad y la abundancia y, por lo tanto, la atraigo a mi vida.

- La abundancia y la prosperidad están tanto dentro de mí como a mí alrededor.

- Yo declaro que permito que todas las grandes cosas entren en mi vida.

- Disfruto de las cosas buenas que fluyen en mi vida.

- Creo la prosperidad con facilidad y sin esfuerzo.
- Me apasiona la prosperidad y, por lo tanto, me resulta natural.
- Amo la abundancia y la atraigo naturalmente.
- El Universo entero está conspirando para hacerme abundante y próspero.
- Dejo de lado cualquier resistencia a la abundancia y la prosperidad y me viene de forma natural.
- Estoy agradecido por la prosperidad y la abundancia en mi vida.
- Estoy abierto y receptivo a toda la prosperidad que la vida ahora está dispuesta a darme.
- Estoy rodeado de prosperidad.
- Yo merezco ser rico.
- Mis visiones se están haciendo realidad.
- Gracias, universo, por todo lo que me has dado.
- Soy un imán para el dinero.
- La prosperidad es atraída hacia mí de forma natural.
- Siempre estoy usando el pensamiento de la abundancia.
- Soy digno de ser económicamente próspero.
- Soy uno con la energía de la abundancia.
- Yo uso el dinero para mejorar mi vida, así como también la vida de los demás.
- Soy el maestro del dinero.
- El dinero es mi sirviente.

- Puedo manejar grandes sumas de dinero.

- Me gusta tener grandes cantidades de dinero.

- Estoy en paz con las grandes sumas de dinero que fluyen hacia mí.

- El dinero conduce a oportunidades y experiencias.

- La abundancia de dinero crea un impacto positivo en mi vida.

- Es mi derecho de nacimiento vivir en un estado de abundancia.

- El universo me está guiando a más prosperidad en este momento.

- El dinero me llega en grandes cantidades y estoy listo para ello.

- La gente quiere que viva en abundancia y sé que lo merezco.

Capítulo 3 - 50 afirmaciones sobre la atracción del dinero

"Los pensamientos se convierten en cosas. Si lo ves en tu mente, lo tendrás en tu mano".

— Bob Proctor, Tú naciste rico.

El dinero tiende a llegar a aquellos que tienen una mentalidad de prosperidad. Las afirmaciones de gratitud y abundancia que hemos visto en los capítulos anteriores deberían haber encendido su imán de dinero invisible para que usted pueda comenzar a atraer una abundancia de riqueza a su vida. A continuación, tiene 50 afirmaciones sobre la atracción del dinero.

- Estoy lleno de alegría y gratitud y amo que más y más dinero fluya hacia mí de forma continua.

- El dinero fluye hacia mí en avalanchas de abundancia de fuentes inesperadas.

- El dinero me llega cada vez más rápido.

- Merezco prosperidad y tener una gran cantidad de dinero en mi cuenta bancaria.

- Todos mis sueños, metas y deseos se cumplen instantáneamente.

- El universo está de mi lado y me está guiando hacia la riqueza.

- El universo está guiando la riqueza hacia mí.

- Me encanta el dinero y todo lo que puede comprar.

- Me siento agradecido por haber aumentado mi patrimonio neto sustancialmente cada año.

- El dinero fluye hacia mí con facilidad.

- Las ideas para ganar más dinero me vienen a menudo.

- Me siento bien por el dinero.

- Puedo hacer cosas buenas con dinero.

- Soy digno de prosperidad y de tener una gran cantidad de dinero.

- Libero todas mis creencias negativas sobre el dinero y permito que ingrese la abundancia financiera.

- El dinero siempre está cerca de mí.

- Las oportunidades para ganar más dinero me llegan sin esfuerzo.

- Doy valor y el dinero me ama por ello.

- Yo atraigo dinero con facilidad y ahora tengo más riqueza de la que jamás soñé posible.

- Yo soy rico y me siento increíblemente bien al respecto.

- Yo tengo una gran relación con el dinero.

- Soy agradecido por todo el dinero que tengo.

- Todos los días y de todas maneras, atraigo más dinero a mi vida.

- Ser rico es fantástico.

- Yo atraigo dinero sin esfuerzo.

- Ahora permito que el dinero fluya libremente en mi vida.

- Yo soy un imán de dinero y el dinero siempre será atraído hacia mí.

- Ahora me estoy relajando en una mayor prosperidad.

- Yo libero toda oposición al dinero.

- Yo merezco tener mucho dinero en mi cuenta bancaria.

- Las ideas para ganar dinero están entrando libremente en mi vida.

- La abundancia está a mí alrededor y me siento muy agradecido al respecto.

- Ser rico es mi estado natural.

- El universo me está ayudando a atraer dinero a mi vida en este momento.

- Yo soy próspero y aprecio todas las cosas buenas de mi vida.

- Yo soy afluente.

- Es fenomenal tener mucho dinero en mi cuenta bancaria.

- Yo amo el dinero y el dinero me ama a mí.

- Es muy fácil para mí ganar más dinero.

- Nací para ser un fabricante de dinero.

- Estoy dispuesto y listo para recibir más dinero ahora.

- Mis ingresos aumentan sustancialmente cada año.
- Felizmente recibo dinero con facilidad.
- El universo sigue dándome más y más dinero.
- Atraer dinero es fácil para mí.
- El dinero es bueno y con él puedo ayudar a otras personas a mejorar su vida.
- El éxito financiero es mi derecho de nacimiento.
- Una avalancha de dinero se está transportando hacia mí.
- Me siento bien por recibir grandes cantidades de dinero.
- Agradezco al universo por permitirme vivir en prosperidad.

Capítulo 4 - 100 afirmaciones de éxito y riqueza

"Tu acción positiva combinada con un pensamiento positivo da como resultado el éxito".

- Shiv Khera

En este capítulo, veremos afirmaciones que puede utilizar para lograr una mente exitosa. ¿Qué es una mente exitosa? Bueno, es una mente que contiene creencias positivas y poderosas sobre el éxito en todos los aspectos de la vida. Se ha dicho que las personas temen al éxito más que al fracaso, y con esa mentalidad, es difícil lograr algo extraordinario. Las afirmaciones a continuación no solo le ayudarán a superar los bloqueos subconscientes que podrían impedirle vivir sus sueños, sino que también le ayudarán a detectar cualquier oportunidad de creación de riqueza y, lo que es más importante: le animaremos a actuar para perseguirlos.

- Mis creencias dan forma a mi realidad.
- Yo me doy cuenta de que soy el creador de mi vida.
- Yo decido hacer de mi vida una obra maestra.
- Sé que, si lo creo, puedo verlo.

- Siempre he estado destinado a hacerme rico.

- Encuentro muchas oportunidades para crear prosperidad y abundancia.

- Yo doy y recibo.

- Yo vivo por las palabras "dejar ir y crecer". Por eso me resulta fácil perdonarme a mí mismo y a los demás.

- Yo estoy agradecido por las lecciones que mi pasado me ha dado.

- Yo soy un gran dador; también soy un gran receptor.

- Entiendo que mi abundancia de dinero puede hacer del mundo un lugar mejor.

- El universo responde a mi mentalidad de abundancia dándome más prosperidad.

- Yo defino mi sueño y siento gratitud por su realización.

- Yo me visualizo viviendo mi sueño todos los días.

- Yo demuestro buenas vibraciones sobre el dinero.

- Yo soy abundante en todos los sentidos.

- Estoy agradecido por todo el dinero que tengo. Estoy agradecido por toda la prosperidad que recibí.

- Estoy agradecido por el momento presente y me enfoco en la belleza de la vida.

- Me pago primero a mí y hago que mi dinero se multiplique.

- Tengo una mente millonaria y ahora entiendo los principios detrás de la riqueza.

- Me encanta la libertad que me da el dinero.

- Yo soy multimillonario.

- Elijo ser yo y libre.

- Hay una cantidad infinita de oportunidades para crear riqueza en el mundo.

- Veo oportunidades para crear riqueza y actuar sobre ellas.

- Mi lema es actuar y adaptarse.

- Las respuestas siempre parecen venir a mí.

- Tengo una actitud de gratitud.

- Yo merezco hacerme rico.

- Yo merezco tener lo mejor en la vida.

- Yo soy una persona maravillosa con paciencia.

- Yo confío en que el universo me guiará a mi verdadero llamado en la vida. Sabiendo esto tengo una sensación de calma.

- Sé que me estoy convirtiendo en lo mejor que puedo ser.

- Me siento conectado a la prosperidad.

- Amo el dinero y me doy cuenta de todas las grandes cosas que puede hacer.

- Estoy alineado con una cantidad tremenda de dinero.

- El dinero me ama y por lo tanto seguirá fluyendo hacia mí.

- Utilizo mis ingresos de manera inteligente y siempre tengo un gran excedente de dinero al final del mes.

- Realmente amo el sentimiento de ser rico. Disfruto de la libertad que me da.

- Es fácil para mí entender cómo funciona el dinero.

- Elijo pensar en formas que me apoyen en mi felicidad y éxito.

- Yo soy un excelente administrador de dinero.

- Me doy cuenta de que el éxito en cualquier cosa deja pistas.

- Sigo la fórmula de las personas que han creado una fortuna.

- Creo mucho valor para los demás.

- Yo soy una persona valiosa.

- Mi vida está llena de abundancia.

- Conozco la regla 80 20 que establece que el 80% de los efectos provienen del 20% de las causas.

- El 20% de mis actividades producen el 80% de los resultados.

- Yo elijo enfocarme en las cosas más importantes de mi vida.

- Yo elijo hacerme rico.

- Hago que mi dinero se multiplique invirtiéndolo sabiamente.

- Me pago primero a mí. El 10% de mis ingresos funciona para mí.

- El dinero funciona para mí.

- Incremento mi capacidad de ganar estableciendo objetivos concretos y trabajo para lograrlos.

- Al implementar la regla 80 20 en mi vida, incremento mi productividad y rentabilidad.

- Me enfoco en las áreas más importantes de mi vida y elimino, delego o automatizo el resto.

- El tiempo está de mi lado ahora.

- Todos los días me estoy volviendo mejor, más inteligente y más hábil.

- Creo que otras personas quieren que tenga éxito y me ayudan felizmente en mi sueño.

- Yo sé cómo manejar a las personas.

- Sonrío a menudo y recuerdo los nombres de las personas.

- Doy aprecio sincero y enfoque en la otra persona.

- Yo hago que las personas se sientan importantes.

- Elogio la mejora y llamo la atención indirectamente sobre los errores de las personas. Hago que la culpa parezca fácil de corregir.

- Yo soy un gran líder y la gente está feliz de hacer lo que sugiero.

- Yo soy un buen oyente que alienta a la otra persona a hablar de sí misma.

- Trato honestamente de ver las cosas desde la perspectiva de otras personas.

- Coopero con los demás, cuyas mentes trabajan en perfecta armonía para el logro de un objetivo definido común.

- Yo tengo un propósito y un plan.

- Yo soy valiente y entiendo que el coraje no es la ausencia de miedo sino la disposición a actuar a pesar de ello.

- Tengo autodisciplina y control total sobre mis pensamientos y emociones.

- Yo hago las cosas más importantes primero.

- Yo estoy organizado y recuerdo la regla 80 20.

- Espero lo mejor en la vida. Sé sobre la magia de pensar en grande.

- Yo siempre espero ganar.

- Yo soy una persona confiada que toma acciones.

- Yo soy decidido y sé lo que quiero.

- Yo estoy comprometido con mi éxito.

- Sé que a dónde va la atención la energía fluye.

- Veo oportunidades y actúo sobre ellas.

- Escribo mis metas y programo mi mente subconsciente para el éxito.

- Persistiré hasta tener éxito.

- Solo rezo para guiarme y entiendo que seré probado.

- Los retos me hacen más fuerte.

- Vivo todos los días como si fuera el último.

- Sé que la vida es un regalo.

- Yo estoy agradecido por estar vivo.

- Entiendo que nacer es un milagro y estoy muy agradecido por ello.

- Yo soy más de lo que parezco y todos los poderes del universo están dentro de mí.

- Yo siento abundancia y amor.

- Yo confío en mí mismo; mi intuición sabe la verdad.

- Utilizo mi intuición y sé que las personas pueden ser como yo, pero sé que soy único.

- Mi ADN y la forma en que mi cerebro está configurado es completamente único.

- Yo me amo y entiendo que soy el único que puede ser yo.

- Me concentro en mis inclinaciones y en las cosas en las que soy bueno.

- Desarrollo mis talentos y habilidades.

- Me enfoco en agregar valor.

- El mundo será un lugar mejor porque estuve aquí.

- Yo soy una persona valiosa que asume las responsabilidades.

Conclusión

Mi objetivo con este libro hacerlo sentir empoderado. Espero que las afirmaciones en este documento lo hayan preparado con la mentalidad correcta para atraer más riqueza a su vida.

Recuerde lo que dijo Tony Robbins: *Cuando agradeces, el miedo desaparece y la abundancia aparece.* Siempre hay algo por lo que sentirse agradecido, sin importar qué, así que no limite su agradecimiento solo a los grandes acontecimientos. Sienta gratitud por el aire: su respiración, la comida a la que tiene acceso o el agua que puede beber. La gratitud es la clave para invitar a su vida cosas más grandes y como resultado a vivir una vida de abundancia.

Por último, lo invito a que usted considere el poder de los hábitos. Lo que quiero decir con esto es que puede dejar este libro ahora y nunca leerlo otra vez, y aun así habrá sido beneficiado. Pero si vuelve a este libro de manera regular, integrará los cambios en un nivel mucho más profundo y eso llevará a un resultado más positivo a largo plazo.

Les deseo lo mejor y sinceramente espero que disfrute la vida al máximo.

Vea más libros escritos por Hourly Affirmations

www.ingramcontent.com/pod-product-compliance
Lightning Source LLC
Chambersburg PA
CBHW030136100526
44591CB00009B/687